THE AUTHOR

Luca Stefano Cristini has edited various publications on ancient and contemporary historical themes, including books on thirty years war, Medieval, Napoleonic as well as several illustrated books with historical color photographs. He has also curated all the brands of Soldiershop publishing.

ACKNOWLEDGEMENTS

A Special Thanks to the Heidelberg Biblioteck University and at all the several institution, museum, library, bibliotecks, public or private collection & athenaeums that with their positive copyright policy about part of his collections, allows us the use of many images present in our books. We remember same of this great World Institutions: New York Public Library, Rara CH, Europeana, US Library of Congress, Riikmuseum of Amsterdam, Dusseldorf University Library, Polona Library, Herzog August Bibliothek of Wolfenbüttel, Stuttgart Bibliothek, SLUB Dresden, Frankfurt am Main Universitätsbibliothek, Europeana, Wikipedia, and many others...

To my friends of Berliner Zinnfiguren !

Our book presents all the text and the captions of the plates in English and Italian language.
The caption of the plates are in the original German language.

Title: **1914-1918 GERMAN WARTIME PROPAGANDA** - 1914-1918 - La satira tedesca durante la Grande Guerra By Luca Stefano Cristini.
ISBN code: 978-88-93272810 First edition September 2017 Code.: WW1-002

Cover & Art Design: Luca S. Cristini
WW1&2 brand is a trademark of Soldiershop Publishing, via Padre Davide, 7 - 24050 Zanica (BG) ITALY.

1914-1918

GERMAN WARTIME

PROPAGANDA

1914-1918 LA SATIRA TEDESCA DURANTE LA GRANDE GUERRA

BY LUCA STEFANO CRISTINI

BOOKS TO COLLECT

Der Engländer und seine Weltkugel

„Oh verflucht, Blut ist doch schlüpfriger als Wasser!"

The Englishman and his world-globe (S 1914) . Oh, laughs, blood is slippier than men

L'inglese aggrappato alla sua parte di mondo - "E ride, il sangue è più scivoloso degli uomini!"

WAR SATIRA AND PROPAGANDA IN THE GERMAN NEWSPAPERS 1914-1918

The book introduces the changing sources, intentions and themes of war propaganda at the German home front before and during the First World War.

Through the best choice of satirical images of the main German newspapers of the time, we may see the symbolic parameters and ideals of Germany's wartime identity.

Propaganda in the First World War was used more widely than before among great conflicts, with a greater spread of mass media in the belligerent countries that supported these means.

All states involved in the First World War, the central power and the western alliance, took advantage of this kind of warfare, but there are differences in the purpose and the way.

For the first time these war posters, flyers and newspapers were also used as propaganda media.

In order to coordinate the various media, all the national authorities established their own authorities during the course of the war.

GERMAN PROPAGANDA AND ITS OBJECTIVES

The most important and responsible authorities in the German Empire were the *Central Office for Foreign Service* (from October 5, 1914), the *Military Office of the German Foreign Office (MAA)* (from July 1, 1916) and the *Bild- und Filmamt (BUFA)*.

German propaganda concentrated on showing its own strength, strengthening the fighting morale on the " home front " and promoting war bonds as well as persuading British imperialism represented by the brutal "John Bull".

The German side, also used horror propaganda, though not so pronounced as in the French and British side. Fallacy reports included reports of the alleged bombing of Nuremberg on August 2, or horror stories about the struggle of Allied soldiers from the colonial territories (such as the Gurkhas rifle men among the British or African soldiers in the French army), who supposedly roamed at night near the German field-greys to search and capture the sleeping German in order to cut their throats, and soak their blood; or prisoners of war, to whom Belgians soldiers had opened their eyes.

In the last years of the war, the army showed photos of war-torn French cities for the gratitude of the population for the soldiers that they kept the front from the homeland. Especially the Russian population was denigrated as a folk of barbarians without morals and custom. In October 1914, a " call to the cultural world " was published and massively spread, in which all

German war blame was rejected and the German army leadership was lumped into protection ("poetic mobilization").

This appeal, which was also prepared by government agencies and signed by several well-known German artists and writers, reflected a largely national-conservative attitude among many German intellectuals who, in the course of the war, also joined the writer Thomas Mann with his 1918 apolitical studies.

In early August 1914, newspaper publishers across Germany were also flooded with roughly 50,000 daily offers for war poems. Such poetry promoted martial ideals and patriotism, called for national unity, and promoted crude enemy typecasts, thus prescribing Germany's wartime mindset and justifying the nation's decision to go to war. Similar symbols and stereotypes reappeared in popular postcards, satirical journals and newspaper riddles.

Soon after the outbreak of war, several publishing houses began to translate the key sentiments of both official and popular propaganda into images.

By producing war-themed postcards they responded to the practical need for communication between front and home front and set the conversational framework for such exchanges. War-themed images contained always a combination of patriotic, educative or humorous and memorable slogan. Such visual propaganda evoked stronger emotions and was more easily accessible than written wartime rhetoric, and thus reached a larger audience.

Enemy caricatures as well as heroic and romanticized depictions of German soldiers were also conveyed by satirical publications such as *Lustige Blätter*, *Simplicissimus, Kladderadatsch* and *Der wahre Jacob*. Although this famous satirical magazine had been severely critical of Prussian militarism and the Germany's political elites before the war.

All this journals reasoned in 1914 that the defensive nature of the conflict warranted unlimited support. So they thus redefined their role from challengers of the status quo, to patriotic supporters of the war effort. The fact that these most critical watchdogs of the *Kaiserreich* had voluntarily joined the chorus of war propagandists, carried particular weight because they were renowned for their unwavering and incorruptible idealism.

The military authorities, on the other hand, issued strict censorship regulations which severely restricted the search for foreign journalists at the beginning of the war, but they also admitted on a large scale interviews to spread internationally their view of the war. Already at the end of August, the first dozen of German correspondents began to work on the fronts.

The British started this activity only from June 1915. In October 1914 the *central office for the foreign service* under Matthias Erzberger began to work at the German Foreign Ministry and provided 27 agencies abroad with German-friendly reports. Since the British had cut off the Atlantic cable a few days after the war, the Germans were dependent on radio transmission.

The strongest transmitter in Nauen , however, would be reached just in Mexico. Übersoedienst-Transocean GmbH bought newspapers in neutral countries and issued new papers there.

However, in several neutral countries, the readers quickly recognized the German information campaign as a propaganda. In part, the governments of the German ambassadors were banned from doing so.

Already with the improper attack on Belgium at the beginning of the war, the German Reich was seen as the role of the aggressor, which limited greatly its possibilities also on the propagandistic battlefield, and increased its new war opponent.

With the execution of thousands of Belgian civilians and the destruction of several towns, especially Löwens, the German troops almost destroyed all opportunities for a positive foreign propaganda and gave the opposing powers plenty of material for their propaganda.

This effect was further exacerbated by the worldwide outrage over the execution of Edith Cavell by a German military, who, as a nurse, had been a curse aid for Allied soldiers who had been captured by the war.

In return, the German leadership was trying to show that the British did not deal with "traitors" and "spies", although this did not have an effect.

The focus was on the fate of the Irish fighter Roger David Casement . He had placed himself on Germany's side in 1914 and was executed in August 1916 for treason.

This and the attempts to blame the UK blockade on supply bottlenecks in the German civilian population did not catch on to the world public opinions.

On May 20, 1916, a war exhibition was opened in Hamburg. A private exhibition, built in the ruins of Serre on the Somme front in 1915, which was also reported in the Feldzeitschrift *Der Schutzengraben* , made allegorical statues and legends ridiculous to the heads of government of the Allies and disgraced the (opposing) colonial soldiers in a racist way.

With the aid of *fieldpostcards*, the German Army Administration tried to show horrific acts to the country's population, such as the destruction of cultic objects, on the one hand, as a proof of their own military success, on the other hand as the self-fault of their opponent.

In addition, Deutsche Grammophon Aktiengesellschaft produced at least 25 music records, which included orchestrated patriotic songs, marches or minidrams such as "The Assault of Liège".

AUSTRIA-HUNGARY

The competent authority was the *Kuk War Press Room* (KPQ) (from July 28, 1914). The film media was used in Austria-Hungary by war magazines and propaganda films.

Frequently used methods were the depreciation and ridicule of the adversary (for example, the very small stature of the Italian king) the incantation of one's own strength, the struggle and siege morality, and the clarification of the need to support his country, whether by reporting to the war service (*with heart and hand for the fatherland*, in 1915) or by the drawing of war bonds (*Das Kriegspatenkind* , 1915).

The first Kriegswochenschau (war movie news) appeared in September 1914 and was produced by the Viennese art film industry. Films and magazines were subject to censorship, operatives from the hostile countries were expelled at the beginning of the war, films originating from hostile countries were subject to an import ban, which greatly aided the Austrian film industry.

Posters and leaflets spread glorious graphics of soldiers or denounced the enemy war parties with propaganda claims such as "Every shot a Russ, every kick a Franzos, every kick of a Britt, every Klapps of a Japs." And "Serbia must die."

Caricatures were also a most famous popular propaganda instrument. Trick films were also used as propaganda materials.

Prominent draughtsmen and caricaturists of the time were enrolled: Theo Matejko, Karl Robitschek and Theo Zasche.

From early July to October 1916, the first war exhibition was held in the Prater in Vienna. In addition to Austria, the German Reich, Bulgaria and Turkey participated. In order to illustrate the war to the population, various types of trenches and galleries were laid out in front of scenes of actual war sites. For the sake of popular amusement, figures in uniforms of enemy soldiers served as targets. Furthermore, film screenings and show plays were organized.

The war exhibition in 1917 was organized with the participation of famous artist Egon Schiele and Albert Paris Gütersloh.

In addition to Munich, Berlin and Hamburg was the most important locations for the publication of German war pictures satirical magazine in the First World War.

LUSTIGE BLATTER (Funny sheets): GERMANY'S MOST BEAUTIFUL COLORFUL SATIRICAL MAGAZINE

Lustige Blätter are the German Caricature in the XIX to XXth Century and especially highlights the political satirical drawings. The satirical magazine was founded by the writer Alexander Moszkowski (1851-1934), who worked for the Berlin *Wespe* from 1877-1886.

Moszkowski founded in 1886 with Otto Eysler - first in Hamburg - the *Lustige Blätter*. The Viennese Eysler wanted to create a joke sheet in the style of the Viennese style, with the participation of numerous Austrian artists. After his speedy move to Berlin, Moszowski first took the helm together with Paul von Schoenthan as editor in chief.

Moszowski led the magazine until he retired in 1928 at the age of 77. From the 1890s onwards, he brought about a stylistic reorientation. The colored, full-page caricatures on the first and last page, which were executed in the four-color printing process, and especially on the title pages, developed a good advertising effect. They are reminiscent of French satirical journals such as *Le Rire* and Henri de Toulouse-Lautrec's poster style, with whom the draftsman Edmund Edel was personally known. The *Lustige Blätter* appeared weekly, dealing with contemporary, cultural and social themes. Thematic editions on topics such as carnival, sports and cinema as well as special numbers on World War One, and other periodical or cultural events were published.

Moszowski, who had worked as a chief editor until 1927, created characters such as the "Lattenfritze" and dedicated, among others, the illustrator Heinrich Zille, who also worked for other famous satirical newspaper as *Ulk* , *Jugend* and *Simplicissimus* .

Other prominent artists, who partly contributed caricatures over many years, include Lyonel Feininger , Wilhelm Anton Wellner , Feodor Czabran , Ernst Heilemann , Walter Trier and Julius Klinger . Among the best-known authors was Bruno Balz, a poet and composer; Maximilan Krämer, Leo Wulff, Betty Korytowska, Max Brinkmann, Rudolf Presber (also known as Mirza Spiral), Gustav Hochstetter, Paul Kraemer, and Georg Mühlen-Schulte were among the other editors. After 1891 the *Lustige Blätter* appeared as an independent magazine. Above all, during the Weimar Republic, the twelve to sixteen-page-strong newspaper had a large readership with up to 60,000 copies and organized the popular Berliner Lustige Blätter ball every winter. *Lustige Blätter* initially assumed always a progressive, liberal attitude, in the Nazi years, the magazine approached a nationalist orientation, just to 1944, when the *Lustige Blätter* were discontinued.

KLADDERADATSCH (1848-1944) – BERLIN SATIRICAL MAGAZINE

Kladderadatsch was a satirical-political German magazine first published in Berlin from 1848 to 1944, and appearing "daily, except for weekdays". It was founded by Albert Hofmann and David Kalisch, a liberal Berlin humorist and son of a Jewish merchant and the author of several works of comedy. The name of the magazine is derived from the phonetic expression " *Kladderadatsch*", which means "something falls down and breaks with cracks in shards".

The magazine title made the term so popular that it became the political slogan that was ironically used - especially by August Bebel - to characterize the collapse of the bourgeois society.

The popularity of the joke sheet, which had a monopoly position in the Prussian capital, already evoked parodic imitations like *Ausseuchnet*.

After the First World War there was a slump in the circulation. In 1923 the Hofmann-Verlag sold the magazine to the Stinnes Company of the industrialist Hugo Stinnes . The content became increasingly right-wing and denounced moderate politicians of the Weimar Republic. As early as 1923, Hitler and national socialism were supported. The tenor shifted towards German Nationalism and Nazism and the cartoons became increasingly antisemitic.

Arthur Johnson, the strange figure of an American satirical at German service in the WW1

Arthur Johnson was born in Germany in 1878. His father was American, but he was brought up in Germany by his mother. He first contributed cartoons to *Kladderadatsch* in 1906. His style was very modern and looked more like the cartoons that appeared in *Simplicissimus*, the other major German satirical journal of the time. Johnson's cartoons were accused of portraying his victims as grotesque. His style was used with good effect against the Allies during the First World War and opponents of Adolf Hitler in the 1930s. Arthur Johnson died in 1954.

SIMPLICISSIMUS (1896-1967). THE BAVARIAN SATIRICAL MAGAZINE

Simplicissimus was a satirical German weekly magazine started by Albert Langen in April 1896 and published until 1967. It took its name from the protagonist of Grimmelshausen's 1668 novel *Der Abenteuerliche Simplicissimus Teutsch*.

The headquarters of the magazine was in Munich. Combining brash and politically daring content, with a bright, immediate, and surprisingly modern graphic style, *Simplicissimus* published the work of writers such as Thomas Mann and Rainer Maria Rilke.

Its most reliable targets for caricature were stiff Prussian military figures, and rigid German social and class distinctions as seen from the more relaxed, liberal atmosphere of Munich. Contributors included Hermann Hesse, Gustav Meyrink, Fanny zu Reventlow, Jakob Wassermann, Frank Wedekind, Heinrich Kley, Alfred Kubin, Otto Nückel, Robert Walser, Heinrich Zille, Hugo von Hofmannsthal, Heinrich Mann, Lessie Sachs, and Erich Kästner.

In 1898 Kaiser Wilhelm's objections to being ridiculed on the cover resulted in the magazine being suppressed. Langen, the publisher, spent five years' exile in Switzerland and was fined 30,000 German gold marks. A six-month prison sentence was given to the cartoonist Heine, and seven months to the writer Frank Wedekind. Again in 1906, editor Ludwig Thoma was imprisoned for six months for attacking the clergy.

These controversies only served to increase circulation, which peaked at about 85,000 copies. Upon Germany's entry into World War I, the weekly dulled its satirical tone, began supporting the war effort and considered closing down. Thereafter, the strongest political satire expressed in graphics became the province of artists George Grosz and Käthe Kollwitz (who were both contributors) and John Heartfield. The editor Ludwig Thoma joined the army in a medical unit in 1917, and lost his taste for satire, denouncing his previous work at the magazine, calling it immature and deplorable. He left the magazine in the 1920s.

During the Weimar era, the magazine continued to publish and took a strong stand against extremists on the left and on the right. As the National Socialists gradually came to power, they issued verbal accusations, attacks, threats and personal intimidation against the artists and writers of *Simplicissimus*, but they did not ban it.

Editor Thomas Theodor Heine, a Jew, was forced to resign and went into exile. Other members of the team, including Karl Arnold, Olaf Gulbransson, Edward Thöny, Erich Schilling and Wilhelm Schulz remained and toed the Nazi party line, for which they were rewarded by the Nazis. It continued publishing, in declining form, until finally ceasing publication in 1944.

DER WAHRE JACOB (1879-1933)

*D**er Wahre Jacob* ("The true Jacob") was a German publication of political satire , of social - democratic tendency, that existed from 1879 to 1933. It was founded in Hamburg and its first publisher was Wilhelm Blos , at that time a journalist linked to the socialist newspaper *Hamburg-Altonaer Volksblatt* . German anti-socialist laws of 1878, approved to hinder the organization of the Social Democratic Labor Party, led to the cessation of publication in October 1880.

Blos moved to Stuttgart and succeeded in resuming it in 1884. The circulation at that time was 40,000 copies and each sample cost 10 *pfennig*. His editorial line was intended to ridicule the conservatives, Otto von Bismarck and the Germanic powers (military, bourgeoisie and church), as well as defend social-democratic ideals and their implantation in society.

The repeal of the antisocialist laws in 1890, normalized its publication and from 1891 added cartoons in color. Thanks to this, the circulation increased to 100,000 copies, a figure that tripled in 1912. Although the First World War reduced the distribution, a circulation of 200,000 copies remained that turned it into the most important socialist communication medium in Germany, as well as in the most popular satirical magazine ahead of the *Kladderadatsch* (conservative) and *Simplicissimus* (liberal).

German hyperinflation caused its publication to cease on October 12, 1923. In January 1924 a new magazine with less economic means, *Lachen links* , was launched, and in July 1927 the original *Der Wahre Jacob*, very critical with the Nazism and especially with Adolf Hitler, leader of the National Socialist Party.

The Nazis' rise to power led to the demise of *Der Wahre Jacob* , who left for the last time on February 25, 1933.

Other German satirical magazines of then were: ULK, Jugend, Lachen links and in the WW1 years, many *Kriegsbilderbogen.*

Note to the plates: *In the caption the magazine are indicated with the initial: LB Lustige blatter. S Simpliccissimus, K Kladderadatsch, WJ Der Wahre Jacob, J Jugend.*

SATIRA E PROPAGANDA DI GUERRA NEL MONDO TEDESCO 1914-1918

Il libro è interamente dedicato alle fonti, alle immagini, ai contenuti e alle tematiche della propaganda di guerra dal punto di vista tedesco prima e durante la prima guerra mondiale. Attraverso una ponderata scelta delle immagini satiriche dei principali quotidiani tedeschi dell'epoca potremo vedere i temi e gli ideali simbolici dell'identità di guerra della Germania.

La propaganda nella prima guerra mondiale è stata utilizzata in maniera massiccia, assai più che in tutti i conflitti precedenti. Tutto ciò è stato possibile grazie, alla maggiore diffusione dei mass media nei paesi belligeranti che a tale scopo disponevano di molti mezzi avanzati.

Tutti gli stati coinvolti nella prima guerra mondiale, sia gli imperi centrali, sia le potenze dell'intesa, hanno approfittato di questo tipo di guerra, sia pure con le dovute differenze negli scopi e nei modi. Per la prima volta in una guerra mondiale, i volantini e i giornali furono massiciamente utilizzati anche come mezzi di propaganda. Al fine di coordinare i diversi media, tutte le autorità nazionali istituirono le proprie competenze nel corso degli anni della guerra.

PROPAGANDA E OBIETTIVI TEDESCHI

Le autorità responsabili di questa materia dell'Impero tedesco erano l'Ufficio centrale del servizio straniero (attivo dal 5 ottobre 1914), l'Ufficio militare dell'ufficio estero tedesco (MAA) (attivo dal 1° luglio 1916) e il Bild- und Filmamt (BUFA).

La propaganda tedesca era sopratutto concentrata sul fatto di mostrare la propria potenza militare, rafforzare il morale di combattimento sul "fronte interno" e promuovere i legami di guerra, oltre a cercare di spaventare l'imperialismo britannico rappresentato dalla brutale figura di "John Bull". Da parte tedesca, si utilizza la propaganda d'orrore, anche se non così pronunciata come da parte francese e britannica. I racconti di queste atrocità comprendono i rapporti del presunto bombardamento di Norimberga effettuato il 2 agosto, o le tante storie orribili sul modo di combattere dei soldati alleati nei territori coloniali (come gli esempi forniti sui Gurkhas nepalesi tra i soldati inglesi o fra i soldati africani nell'esercito francese) che, si lasciava intendere, vagavano di notte per tentare di catturare i poveri soldati tedeschi mentre dormivano, tagliare loro la gola e bevendone il loro sangue o ancora, i prigionieri di guerra ai quali i soldati belgi avevano cavato gli occhi.

Negli ultimi anni della guerra, l'esercito tedesco mostrò con orgoglio anche foto di città francesi strappate alla distruzione della guerra ricevendone la gratitudine della popolazione per i soldati.

Mentre, per contro, su un altro fronte, la popolazione russa era stata denigrata come un popolo di barbari senza morale ed etica.

Nell'ottobre del 1914 fu pubblicata e diffusa una "chiamata al mondo culturale tedesco".

Tutte le autorità militari tedesche richiamarono il popolo e i suoi più alti esemplari a contribuire per la vittoria della patria ("mobilitazione poetica"). Questo appello, preparato anche dalle agenzie governative e firmato da alcuni fra i più noti artisti e scrittori tedeschi, rispecchiò un atteggiamento largamente nazionale-conservatore tra molti intellettuali tedeschi che, durante la guerra aderirono con entusiamo a questo appello, fra essi anche il celebre scrittore Thomas Mann con il suo "studi apolitici".

All'inizio del conflitto, nell'agosto 1914, i giornali editoriali in tutta la Germania furono inondati di circa 50.000 liriche, lodi e poesie di guerra inviate per posta. Tale prosa popolare promuoveva ideali marziali e patriottismo, richiedeva l'unità nazionale e giustificava la decisione della nazione di andare in guerra.

Simili simboli e stereotipi hanno iniziato a fare la loro comparsa in cartoline popolari, giornali satirici e di opinione.

Poco dopo lo scoppio della guerra, molte case editrici hanno cominciato a tradurre i sentimenti chiave della propaganda ufficiale e popolare nelle immagini e nelle caricature di guerra.

Produrre iconografia sul tema della guerra corrispondeva alla necessità pratica di comunicazione tra fronte militare e front-home e impostava il quadro di utile conversazione per tali scambi.

Le immagini sul conflitto contenevano sempre una combinazione di slogan patriottico, educativo, umoristico e memorabile. Tale propaganda visiva ha suscitato emozioni più forti risultando facilmente accessibile rispetto alla retorica scritta di guerra e quindi con maggiori chance di raggiungere un pubblico più ampio.

Le caricature di nemici, nonché raffigurazioni eroiche e romanticizzate dei soldati tedeschi sono stati elaborate al meglio da notissime pubblicazioni satiriche del tempo come: *Lustige Blätter*, *Simplicissimus*, *Kladderadatsch*, *Der wahre Jacob* e altre.

Anche se la maggior parte di queste famose riviste satiriche avevano criticato seriamente il militarismo prussiano e le élite politiche tedesche prima della guerra. Tuttavia una volta iniziata la lotta, tutte queste riviste nel 1914 concordarono che la natura difensiva del conflitto garantiva un supporto illimitato alla nazione. Così hanno ridefinito il loro ruolo da sfidanti dello status quo, ai sostenitori patriottici dello sforzo di guerra tout-court.

Il fatto che questi guardiani più critici del *Kaiserreich* avessero volontariamente aderito al coro dei propagandisti di guerra, portarono un peso particolare alla causa poiché erano rinomati per il loro incorruttibile idealismo.

Le autorità militari, intanto emanarono rigorose norme di censura che restringevano le libertà di stampa ai giornalisti stranieri all'inizio della guerra, ma hanno anche dato vita, contemporaneamente ad interviste su larga scala per diffondere la loro opinione internazionale sulla guerra.

Già alla fine di agosto, i primi corrispondenti tedeschi hanno cominciato a lavorare su tutti i fronti. Gli inglesi per contro iniziarono questa attività solo dal giugno 1915. Nell'ottobre 1914 l'ufficio centrale del servizio estero diretto da Matthias Erzberger ha iniziato a lavorare presso il Ministero degli Esteri tedesco fornendo ben 27 agenzie all'estero per la cura dei rapporti tedeschi. Poiché i Britannici avevano tagliato il cavo dell'Atlantico pochi giorni dopo la guerra, i tedeschi dipendevano solo dalla trasmissione radiofonica.

Il trasmettitore più forte a Nauen era comunque in grado ad esempio di raggiungere anche il Messico. Tuttavia, molti paesi neutrali, rapidamente diffidarono della campagna di informazione tedesca considerandola appunto come mera propaganda. A molti ambasciatori tedeschi fu perfino ordinato di astenersi alla diffusione di tali notizie.

Già con l'improvvido attacco al Belgio all'inizio della guerra il Reich tedesco era stato visto nel ruolo dell'aggressore, il che ha limitato notevolmente le sue possibilità di convincimento anche sul campo di battaglia propagandistico e ha solo finito con l'aumentare il numero dei suoi avversari.

Con l'esecuzione sommaria di migliaia di civili belgi e la distruzione di diverse città, in particolare Lovanio, le truppe tedesche hanno quasi distrutto tutte le opportunità di una propaganda positiva e credibile e hanno dato ai loro avversari un sacco di materiale utile per la loro propaganda.

Questo effetto fu ulteriormente aggravato dal caso Edith Cavell, un'infermiera britannica ricordata per aver aiutato, durante la prima guerra mondiale, soldati di ambo le fazioni in Belgio, nonché per aver favorito la fuga di circa duecento soldati alleati dal Paese. A motivo di ciò fu giustiziata dai tedeschi, causando notevoli reazioni di protesta a livello internazionale e diventando un elemento chiave della propaganda di guerra britannica.

Per contro, da parte tedesca si cercava di dimostrare che gli inglesi, in realtà, non si occupavano di "traditori" e "spie", ma ciò non ebbe alcun effetto. L'attenzione veniva posta in questo caso sul destino del combattente irlandese Roger David Casement. Questi, come molti irlandesi, si era posto al servizio della Germania nel 1914 ed era poi stato catturato e fucilato dagli inglesi nell'agosto del 1916 per tradimento.

Questo fatto, insieme alle denunce fatte al blocco del Regno Unito reo di voler affamare la popolazione civile tedesca non ebbero molta presa preso le opinioni pubbliche straniere.

Il 20 maggio 1916, ad Amburgo si aprì una grande mostra di guerra. Una mostra privata, riportata anche nel Feldzeitschrift Der Schutzengraben, in cui si potevano vedere statue e immagini allegoriche tendenti a ridicolizzare i capi di governo degli alleati e soprattutto i *"bestiali"* soldati coloniali (della parte opposta ovviamente). Ogni nazione nemica aveva le sue pecche i suoi nei, ed era lì che la satira tedesca puntualmente colpiva. La Russia veniva vista, come poi l'Italia, come una nazione di traditori e di Giuda. Alcune tavole satiriche riprendono il bacio fra i due cugini (il Kaiser e lo Zar) e lo definiscono appunto il bacio di Giuda. Per il resto i soldati russi sono spesso descritti come degli straccioni di scarso valore.

La Francia viene spesso volgarizzata come nei panni di una prostituta che si vende a chiunque pur di creare problemi alla Germania, vogliosa di vendicarsi dell'onta subita nel 1870.

La Gran Bretagna, spesso nei panni di Britannia e ancora più spesso in quelli del grasso e untuoso John Bull è vista come il burattinaio che cerca di comprare tutti coi soldi che gli derivano dall'insano sfruttamento del suo gigantesco Impero.

Infine i due nemici dell'ultima ora, Italia e Stati Uniti. Sulle prime si cerca la loro diplomatica benevolenza, unendo un misto di accondiscendenza a occulte minacce. Una volta schierate esse si sorbiscono la loro parte di insulti. Gli americani visti come degni compari/cugini gangster degli inglesi tutti interessati a far affari sulle spalle degli altri (amici o nemici).

Mentre l'Italia, la grande traditrice della Triplice è spesso derisa come una nazione di imbecilli, buontemponi ed imbroglioni, Guidata da un re nano e bamboccione che, per la satira tedesca dovrebbe giocare a soldatini anziché cercare rogne con gli ex alleati tedeschi!

L'AUSTRIA-UNGHERIA

L'autorità competente austriaca per la propaganda di guerra era la Kuk War (KPQ) (dal 28 luglio 1914). I metodi frequentemente usati per deridere il nemico in Austria erano il deprezzamento e il ridicolo dell'avversario (come ad esempio la satira continua riguardo la piccola statura del re italiano). L'esaltazione della propria forza e del proprio efficientismo (sull'esempio tedesco). La lotta, la morale e la chiarificazione della necessità di sostenere il proprio paese al servizio di guerra (con il cuore e con le mani per la patria..).

Il primo Kriegswochenschau (film di guerra news) apparve nel settembre 1914 e venne prodotto dall'industria cinematografica viennese. I film erano ovviamente oggetto di censura, e quindi gli operatori dei paesi ostili vennero tutti espulsi all'inizio della guerra, ai film provenienti da paesi ostili fu imposto il divieto di importazione, il che ha notevolmente favorito l'industria cinematografica austriaca.

Poster e volantini diffondevano gloriose illustrazioni di soldati o denunciavano atti di guerra nemiche con rivendicazioni di propaganda come "Ogni colpo di *Russ*, ogni colpo di un *Franzos*, ogni calcio di un *Britt*, ogni *Klapp* di un Giappone". O dettami fissi come: *"la Serbia deve morire"*.

Le caricature furono anche in Austria uno strumento di propaganda popolare. A tale scopo furono arruolati le migliori firme dell'illustrazione austro-ungarica come: Theo Matejko, Karl Robitschek e Theo Zasche.

Dal primo luglio all'ottobre 1916, la prima mostra di guerra si svolse nel Prater di Vienna.

Oltre all'Austria, e al Reich tedesco, furono invitati anche la Bulgaria e la Turchi. Al fine di illustrare la guerra della popolazione, furono disegnati diversi tipi di trincee e gallerie del fronte, insieme alle ricostruzioni di scene di guerra realistiche. Infine per il divertimento popolare, figure in uniformi di soldati nemici venivano utilizzate come bersagli per tiri di palle e bocce.

Inoltre, vennero organizzate proiezioni cinematografiche e spettacoli teatrali. La mostra di guerra del 1917 fu organizzata persino con la partecipazione di famosi artisti come Egon Schiele e Albert Paris Gütersloh.

1914-1918 I PIÙ FAMOSI ORGANI DI STAMPA SATIRICI TEDESCHI NEGLI ANNI DELLA GRANDE GUERRA

Oltre a Monaco, Berlino e Amburgo erano la culla dei più importanti e diffusi giornali satirici attivi durante la prima Guerra mondiale.

LUSTIGE BLATTER (Fogli divertenti): IL PIÙ IMPORTANTE PERIODICO DI SATIRA TEDESCO

La celebre rivista satirica venne fondata dallo scrittore Alexander Moszkowski (1851-1934), che aveva già lavorato per la *Wespe di* Berlino dal 1877 al 1886. Egli, fondò *Lustige Blätter* nel 1886 con Otto Eysler - prima ad Amburgo e poi a Berlino.

Moszowski guidò la rivista fino all'ultimo, quando per problemi di età si ritirò nel 1928 all'età di 77 anni. Dal 1890 in poi, le caricature colorate a pagina intera della prima e ultima pagina, con stampa a colori ebbero l'effetto di aumentare parecchio le vendite della rivista.

Lustige Blätter ricordava molto le riviste satiriche francesi come *Le Rire* e indirettamente l'arte cartellonistica di Henri de Toulouse-Lautrec, con la quale il redattore Edmund Edel ebbe personale amicizia.

Lustige Blätter apparì settimanalmente, affrontando questioni contemporanee, culturali e sociali. Moszowski, che ne fu il direttore fino al 1927, creò personaggi come il "*Lattenfritze*".

Il noto illustratore Heinrich Zille, lavorò anche per *Ulk*, *Jugend* e *Simplicissimus*. Altri artisti importanti che hanno contribuito alle caricature furono Lyonel Feininger, Wilhelm Anton Wellner, Feodor Czabran, Ernst Heilemann, Walter Trier e Julius Klinger.

Tra i più noti autori vi fu anche i poeti Bruno Balz, Maximilian Krämer, Leo Wulff, Betty Korytowska, Max Brinkmann, Rudolf Presber (aka Mirza Spiral) e altri.

Durante la Repubblica di Weimar, il giornale continuò la sua popolarità fino all'avvento del nazismo. *Lustige Blätter* sulle prime continuò ad avere una mentalità progressista e liberale, per scadere poi nell'adeguamento alle idee nazionalsocialiste nel corso degli anni, fino alla loro chiusura definitiva nel 1944.

KLADDERADATSCH (1848-1944) – LA RIVISTA BERLINESE..

Kladderadatsch fu una rivista satirica nata a Berlino nel 1844 che operò incessantemente fino al 1944, Fondata da Albert Hofmann e David Kalisch, quest'ultimo un celebre umorista berlinese liberale, figlio di un mercante ebreo e autore anche di moltissime commedie. Il nome della rivista deriva da una epressione fonetica tipicamente berlinese che significa grosso modo rottura/esplosione in mille pezzi ecc. Il termine divenne talmente popolare da essere spesso usato come slogan per ironizzare sul collasso della società borghese del tempo.

Dopo la prima guerra mondiale vi fu un crollo nella circolazione della rivista. Nel 1923 Hofmann-Verlag vendette la rivista alla Stinnes Company dell'industriale Hugo Stinnes.

Il contenuto del giornale si spostò così sempre più a destra, finendo col mettersi a disposizione di Hitler già nel 1923. Da allora le caricature divennero sempre più a carattere antisemita.

Nel 1944 il giornale cessò definitivamente le sue pubblicazioni.

Arthur Johnson, la strana figura di un artista Americano al servizio tedesco durante la WW1

Arthur Johnson nacque in Germania nel 1878. Figlio di un Americano ma cresciuto in Germania da parte della madre. Fu uno dei più noti e celebri cartonisti di *Kladderadatsch* sin dal 1906.

Dotato di uno stile modernissimo, che per molti versi ricordava quello assai all'avanguardia usato in *Simplicissimus*, altra importante testata satirica del tempo. Johnson aveva l'innata capacità di mostrare e denigrare efficacemente le sue "vittime" fino al grottesco e al ridicolo. Johnson diede il meglio della sua arte attaccando gli alleati durante la prima Guerra mondiale. Arthur Johnson morì nel 1954.

SIMPLICISSIMUS (1896-1967). THE BAVARIAN SATIRICAL MAGAZINE

Simplicissimus era una rivista settimanale tedesca satirica, iniziata da Albert Langen nell'aprile del 1896 e pubblicata fino al 1967. Prese il suo nome dal protagonista del romanzo di Grimmelshausen del 1668, *Der Abenteuerliche Simplicissimus Teutsch*.

La sede del giornale era a Monaco.

Combinando contenuti politicamente audaci, con uno stile grafico luminoso, immediato e sorprendentemente moderno, *Simplicissimus ha* pubblicato il lavoro di famosi scrittori come Thomas Mann e Rainer Maria Rilke. I suoi obiettivi preferiti per la caricatura furono il militarismo prussiano e le rigide distinzioni sociali e classiche tedesche visto con l'occhio più rilassato e liberale di Monaco. Tra i partecipanti figurano Hermann Hesse, Gustav Meyrink, Fanny zu Reventlow, Jakob Wassermann, Frank Wedekind, Heinrich Kley, Alfred Kubin, Otto Nückel, Robert Walser, Heinrich Zille, Hugo von Hofmannsthal, Heinrich Mann, Lessie Sachs e Erich Kästner.

Nel 1898 le obiezioni del Kaiser Wilhelm di essere sempre ridicolizzato sulla copertina del giornale hanno portato alla soppressione della rivista. Langen, l'editore, passò cinque anni della sua vita in esilio in Svizzera ricevendo anche una multa di 30.000 marchi tedeschi. Una condanna a sei mesi venne assegnata al disegnatore Heine e sette mesi allo scrittore Frank Wedekind.

Ancora nel 1906 l'editore Ludwig Thoma fu imprigionato per sei mesi, reo di aver attaccato il clero. Queste controversie servirono però solo ad aumentare la circolazione della rivista, che ha raggiunse un picco di circa 85.000 copie. Dopo l'ingresso della Germania nella Prima Guerra Mondiale, il settimanale sgretolò il suo tono satirico, e adeguandosi al momento, iniziò a sostenere lo sforzo di guerra. Successivamente, dopo il primo conflitto mondiale, riprese con più vigore la vecchia verve e la più forte satira politica espressa in grafica diventa la firma di artisti come George Grosz e Käthe Kollwitz (entrambi collaboratori) e John Heartfield.

Durante gli anni di Weimar la rivista ha continuato a pubblicare prendendo una forte posizione contro gli estremisti di sinistra e di destra. Nel mentre i nazionalsocialisti arrivarono al potere, attaccando, minacciando e intimando il giornale senza però mai chiuderlo. L'editore Thomas Theodor Heine, un ebreo, fu però costretto a dimettersi e a fuggire in esilio. Altri membri della squadra, tra cui Karl Arnold, Olaf Gulbransson, Edward Thöny, Erich Schilling e Wilhelm Schulz rimasero invece al giornale adeguandosi presto alla linea imposta dal partito nazista, e da questo perfino premiati. Il giornale quindi visse la sua stagione peggiore continuando a pubblicare, fino alla cessazione definitiva della pubblicazione nel 1944.

DER WAHRE JACOB (1879-1933)

*D**er Wahre Jacob* ("Il vero Giacobbe") fu una rivista tedesca di satira politica , di tendenza socialdemocratica , esistente dal 1879 al 1933.
Fondata ad Amburgo da Wilhelm Blos, allora un giornalista legato al periodico socialista *Hamburg-Altonaer Volksblatt*. Le leggi anti sociali tedesche del 1878, approvate per ostacolare l'organizzazione del Partito Laburista del Partito Socialdemocratico, portarono alla cessazione della pubblicazione nell'ottobre 1880.
Blos si trasferì allora a Stoccarda e riuscì a riprenderlo nel 1884. La sua linea editoriale doveva ridicolizzare i conservatori tedeschi, ed in primis il cancelliere Otto von Bismarck e le potenze "germaniche" (militari, borghesi e chiese), nonché difendere gli ideali socialdemocratici e il loro impianto nella società. L'abrogazione delle leggi anti sociali nel 1890 normalizzò la sua pubblicazione fino all'introduzione di caricature a colori del 1891.
Grazie a questa novità, la distribuzione aumentò a 100.000 copie, una cifra che venne persino triplicata nel 1912. La prima guerra mondiale, *arruolando* il giornale, vide invece una riduzione della distribuzione, che rimase comunque un importante mezzo di comunicazione socialista in Germania, e la rivista satirica più popolare davanti a *Kladderadatsch* (conservatore) e a *Simplicissimus* (liberale). L'iperinflazione tedesca portò poi alla cessazione della sua pubblicazione il 12 ottobre 1923. Nel gennaio del 1924 venne riaperta ma con minori mezzi economici.
Negli anni successivi prese una forte posizione avversa al nascente nazionalismo di Adolf Hitler. La successiva ascesa al potere dei nazisti ha portato quindi alla morte di *Der Wahre Jacob*, che ha pubblicato il suo ultimo numero il 25 febbraio 1933.

Altre riviste satiriche tedesche del tempo furono: *ULK*, *Jugend*, *Lachen links* e durante la prima Guerra mondiale fecero la loro comparsa moltissimi *Kriegsbilderbogen* (fogli di guerra colorati).

***Note alle tavole**: nelle didascalie il nome ella rivista di provenienza delle tavole è indicata con una lettera maisucola accanto all'anno di riferimento: LB Lustige Blatter. S Simpliccissimus, K Kladderadatsch, WJ Der Wahre Jacob, J Jugend.*

split wedges - double wedges - *culo e doppio culo!*

1914

Englands Schmerz

„Goddam! Jetzt wird mir meine Kundschaft nicht mehr glauben, daß die deutschen Stahlwaren schlecht sind!"

England's pain - Ho God, from now my friend will not believe me more that the German steel are so bad

Dolori inglesi - Mio Dio, Ora il mio amico smetterà di credere che l'acciaio tedesco sia poi cosi male....

Russische Grenzsoldaten.

„Dimitri, habb ich ausgezeichnetes Kriegsplann: Schmeiß ich Gewehr fort, lauf ich ribber, laß mich fangen, krigg ich gut zu fressen!!"

Russian border soldiers. Dmitri I have excellent war plan: Schmeiss rifle, : I throw the rifle, I try to run away, I let me catch, the Germans will give me good food!

Soldati russi di frontiera. "Dmitri ho un ottimo piano di guerra: butto il fucile, tento di scappare, mi lascio prendere, i tedeschi mi daranno bene da mangiare.

Allons enfants — —?

Come on boys...?

Avanti ragazzi....?

(Für Skatspieler)   Ein Solo mit drei Faußen geht immer verloren.

(For scat players). a solo with three jack is always lost

(Per i giocatori di skat). un solista con tre fanti perde sempre

Panik an der Themse.

„Um Gottes willen, — da kommt doch schon wieder was!"

Panic at the Thames. For God's sake, there's something coming again!

Panico alla foce del Tamigi. Per Dio, c'è qualcosa di nuovo al largo!

Französischer Kriegsrat.

„Natürlich wieder die Deutschen!"

French war council, of course, again the German

Consiglio di guerra francese, naturalmente, è stato ancora il tedesco..

The end of the red hole (a worldly moment?) but first tear the strings otherwise it is impossible because the glory is in the leaning on the hole!

La fine del buco rosso (questione di donne leggere?) ma togliti prima le stringhe altrimenti è dura perché la gloria è nell'appoggiarsi sul buco!

Bülows Heimkehr

Kaum kann ich die Freude zügeln
Ob der neuen Dinge Lauf:
Über Romas sieben Hügeln

Geht uns eine Sonne auf!
Und wir haben — singet Lieder! —
Einen Diplomaten wieder!

Bulows home: I can barely relax the joy of the new things: Roma love is a sunshine for us, and we have sweet diplomatic notes again.

La casa di Bulows: Riesco a malapena a contenere la gioia delle nuove cose: il romanzo d'amore di Roma è un sole su di noi! e abbiamo nuovamente dolci note diplomatiche

Ein Weiſer.

(Begeiſterte Pariſerinnen haben die ausziehenden Turkos abgeküßt.)

„Mort de ma vie, Jbrahim, kommſt du endlich? Es hat ſchon zweimal zum Abmarſch geblaſen.“
„„Marchez donc, mon caporal! Jbrahim gefallen ſehr gut ici. Jbrahim bleiben hier!““

The Parisian enthusiast of the performance of his *turcos*...Death of my life, Jbrahim, are you finally contented? It has popped twice to me. Jbrahim had a good time here with me

La parigina entusiasta delle prestazioni del suo turcos: Mort de ma vie, Jbrahim ti sei finalmente soddisfatto? Ha saltato ben due volte su di me. Marcia dunque mio caporale! Jbrahim è sempre stato molto bene qui..”

Der Obdachloſe

Der obdachloſe Albert: „Georg, darf ich diesmal bei dir Weihnachten feiern — du haſt ja die Beſcherung angerichtet!"

The homeless king Albert: George I can celebrate this time with you Christmas. you have made the gift!

Il re del Belgio senza tetto: "George posso celebrare questa volta con te il Natale. Dopo questo bel regalo!

Englische „Ballettratten" — und wie die Deutschen fie tanzen laffen.

English ballet rattles. and how the Germans let them dance

la ballata inglese... e come i tedeschi li hanno lasciati ballare...

Das Sprungbrett.

The jumpboard

Il gran salto..

freudentag bei Krupp's. Wieder eine „dicke Bertha" angekommen!

Happy day at Krupp's home Bertha, the new big sister was born!

Giorno felice in casa Krupp, è nata Bertha la nuova grossa sorellina!

Der Priſenmacher.

Wie lange werden ſie ſich noch von dem brutalen Kerl auf den Hühneraugen herumtrampeln laſſen?!

"The prisenmacher". how long will they let the brutal fellow ride on their hooks?

"Il prisenmacher." Per quanto tempo si lasceranno pestare i calli dal brutale bamboccione britannico?

An die front!

(Zahlreiche Berliner Autobusse sind im Felde.)

„Alles besetzt, Kaiserliche Hoheit, — aber na, weil Sie 't sind . . . !"

(berliner bus find on country) To the front! Everything occupied, imperial sovereignty, but no, why didn't I go before...

(tram berlinese trovato sul campo) Al fronte! Tutto occupato, sua altezza imperiale,... ma no, perché non sono partito prima …

Der fest-Karpfen.

Der Ire: „Auf den Fisch hab' ich mich schon lange gefreut!"

the felt carp. The Irishman: I've been looking forward for a long time

la carpa cucinata. L'irlandese: Vi stavo aspettando da molto tempo

John Bull steigt vergnügt die Einkreisungsleiter hinauf und glaubt nunmehr der alleinige Herrscher über Handel und Industrie zu sein. Zu seinem Schrecken sieht er auf der andern Seite Brother Jonathan auftauchen, der ihm ein Privatissimum über die Alleinherrschaft liest.

The american-english friendship... John Bull stepped up his production and now he believes the sole ruler of commerce and industry. He appears to his brother Jonathan, who gives him a privatissimum punch on the head! (WJ October 1914)

L'amicizia anglo-americana... John Bull ha intensificato la produzione e ora crede di essere l'unico sovrano del commercio e dell'industria. Rivede suo fratello Jonathan, e gli dà un privatissimo pugno in testa!(WJ Ottobre 1914)

Zeichnung von F. Jüttner.

General Winter, unser neuer Bundesgenosse.

The winter general, our new allied... - Il generale Inverno, il nostro nuovo alleato..

1915

Das Bollwerk in der Nordsee. Helgoland, Tirpitz, und flotte zu dritt —
Greif an, wer da Lust hat, er beißt auf Granit!

The North Sea bastion. Helgoland, Tirpitz and our fleet, a granite triad

Il bastione del mar del Nord. Helgoland, Tirpitz e la nostra flotta, un terzetto granitico!

John Bull in East Afrika. Damn I have my ass full of quills...

John Bull in est afrika . Dannazione ho il culo pieno di spine

Zeichnung von W. A. Wellner.

Unser Herkules.   „Raus aus Oftpreußen!"

Erculean fight - go out of the eastern Prussia

lotta erculea – via fuori dalla Prussia orientale

Kriegsrat vor den Dardanellen. „Na. Kinder, riskieren wir's nochmal?"

War counsil around dardanelli question.. hey, kids who love the risk …

Consiglio di Guerra sui Dardanelli: "Guarda guarda bambini che vanno in cerca di guai…"

Vor der letzten Runde.

Before the last round

Prima dell'ultimo round...

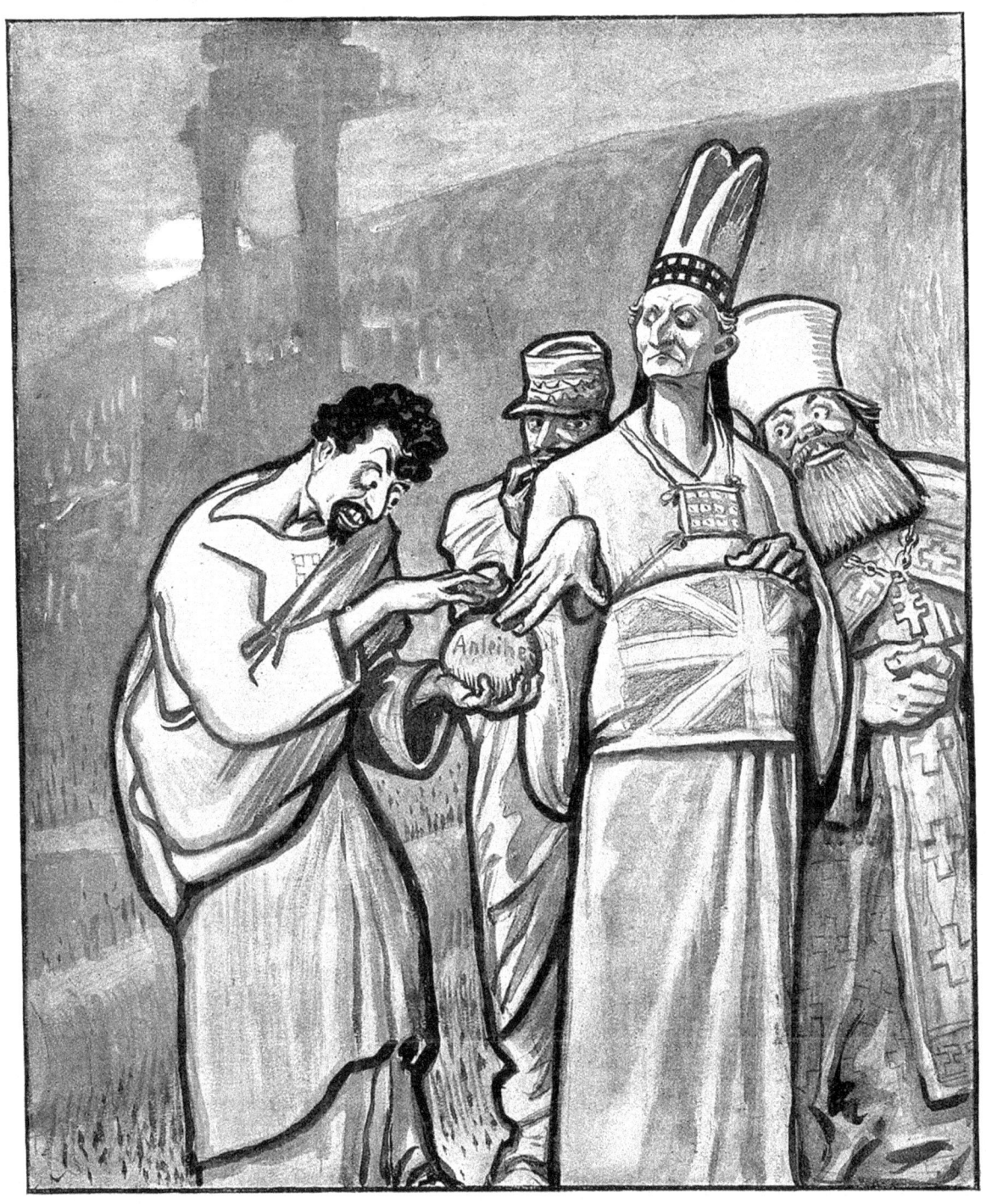

Judas Italiano
verrät feinen Bundesbruder für dreifsig Millionen Silberlinge.

The Italian Judas.. has betrayed his federal brother for thirty million silver coins

Il giuda italiano.. ha tradito il suo fratello fedele alleato per trenta milioni di argento

41

Frischer Wind

Die deutsch - österreichisch - ungarisch - türkische Mühle bekam vom Frühlingswind so flotten Schwung, daß sie für die
anstürmenden Don Quixotes recht gefährlich wurde!

Fresh wind - the German, Austrian, Hungarian and Turkish have quickly in very strong position , that has now become quite dangerous for Don Quixote to attack them ..

Vento fresco: il tedesco, l'austriaco, l'ungherese e il turco hanno ottenuto così rapidamente una posizione imbattibile che ora è diventato piuttosto pericoloso per don Chisciotte aggredirli..

„Na, wir werden det Kind schon schaukeln!"

well, we're going to kid kindon

Fatti sotto ragazzino...

Trauer im Entente=Haus.

Pain in alliance house

Lutto in casa "Intesa"

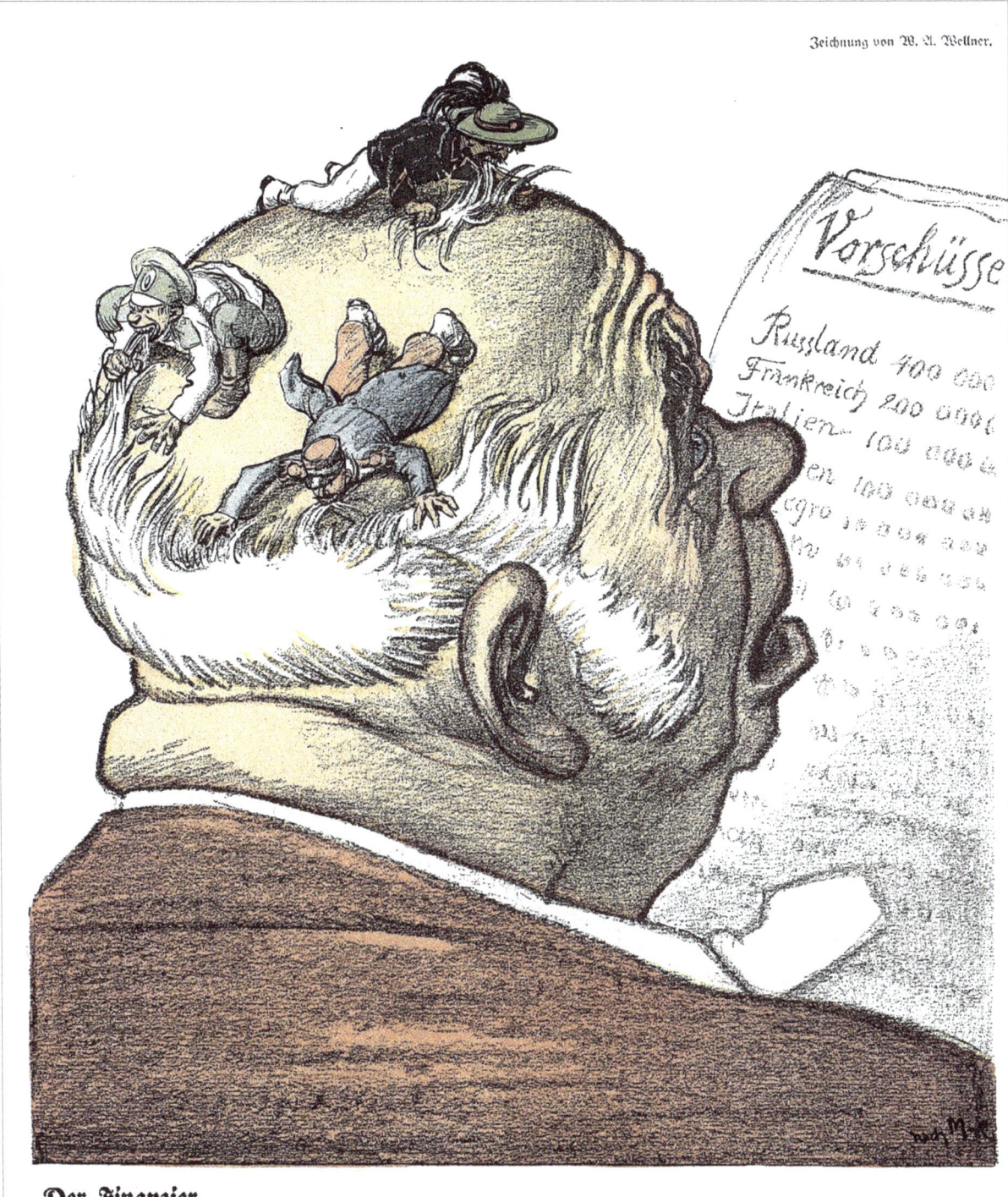

Zeichnung von W. A. Wellner.

Vorschüsse

Russland 400 000
Frankreich 200 000
Italien 100 000

Der Finanzier.

Langsam, aber sicher fressen sie dem ollen ehrlichen John Bull die Haare vom Kopf.

But slowly, surely, rub hair from the head of the old honest John Bull.

Il finanziatore – Prima o dopo, di certo, gli alleati faranno le pulci al vecchio onesto John Bull.

Ruffifcher Rückzug. ~ Napoleon: „Ich fage es ja, es wird wieder wie 1812: ~ eine Kataftrophe für Frankreich!"

Russian Retreat Napoleone says: "I say it, it will still be like 1812: a disaster for France"

Ritirata Russa - Napoleone: "Lo dico, sarà ancora come il 1812: un altro disastro per la Francia!"

Der Garten der Circe. (Britannia und ihre Bundesgenoffen.)

Und wie wir es im Homeros lefen,   Urfprünglich find es Menfchen gewefen,
So wiederholt fichs an Englands Strande: Goldzauber macht fie zur — Schweinebande.

The Circe's Garden (UK and their federation) And as we have read it in Homer, so repeatedly in England: Originally they were men, but gold and wealth transformed them into a bunch of pigs.

Il giardino della Circe (la britannia e la loro federazione) E come l'abbiamo già letto in Omero, così oggi si ripete in Inghilterra: originariamente erano uomini, ma l'oro e la ricchezza li hanno trasformati in una banda di maiali

Marche funebre – Funeral march – Marcia funebre.

„Ach Gott! Ach Gott! Ach Gott!
Ist schon wieder einer todt!"

Funeral march "Oh God! Oh God! Oh God!" . They're celebrating their partner's dead.

Marcia funebre "Oh Dio! Oh Dio! Oh Dio" . Festeggiano la morte del loro compagno

En=Tanten=Klatsch. Die vier Großmägde: „Jetzt sind wir bestimmt fein heraus, nun kann uns gar nichts mehr passieren, das ist der reine, garantierte Sieg —: drei neue Schlagwörter haben wir heute wieder erfunden!!"

The soldier's battle. The four generals: "We are destined to win the battle, now nothing can happen to us, it will be pure and guaranteed - three new slogans we have reinvented today"

La battaglia dei fanti I quattro generali: "Siamo destinati a vincere, ora non ci può succedere nulla, la vittoria sarà sicura e garantita... tre nuovi slogan che abbiamo reinventato oggi")

Zeichnung von F. Jüttner.

„Weggetreten!"

"you are fired!"

"Licenziati".

The soldier trumpet for the general Joffre - *La sveglia di Joffre...*

1916

Die Lowtschen=Lorelei.

Ich glaub', in der Adria Dräuen
Verschwinden noch Schiffer und Kahn;

So hat's dem Mann von Savoyen
Der Lowtschen=Fall angetan.

I think that in the adriatic sea women disappear still boat and boat, so did the man of Savoyen after the lowtschen fall

Penso che le sirene dell'Adriatico scompaiono ancora davanti alle barche,.. cosi han fatto all'omino Savoia dopo la batosta di Lowtschen...

Der reiche Jonathan und der arme John

John: „Nun weiß ich wenigstens, wo mein Bauch geblieben ist!"

The rich Jonathan a a poor John: John: "Hey, at least I've kept my belly!"

Il ricco Jonathan Ed il povero John: John: *"Hey, almeno io ho conservato la mia pancia!"*

Tutti frutti perdutti!

Sonnino: „O diese verteufelte österreichische Sonne! Das Aqua d'Isonzo verdorben; das Gelato di Montenegro weggeschmolzen, die albanische Melone faul, — ich glaube, ich werde die Bude bald zumachen müssen!"

Lost all the fruits: Sonnino: "Oh, this sunny Austrian sun! The water of the Isonzo river is turbid, the ice cream of Montenegro has dissolved, the Albanian melon is broken, so I will be forced to close the shop …

Persi tutti i frutti: Sonnino: " *Oh, questo sole tremendo sole austriaco! L'acqua dell'Isonzo è torbida, il gelato del Montenegro si è sciolto, il melone albanese è marcito, avanti così sarò costretto a chiudere bottega…*

Verdun - They built a nice card castle: Look! Now they take the wrong card! Help...

Verdun - *Hanno costruito un bel castello di carte: Guarda! Ora prendono la carta sbagliata! aiuto...*

Der englische Popanz

John Bull: „Du siehst vortrefflich aus in der Rüstung, die ich dir geschmiedet habe. Jetzt bleibe nur ruhig da vorn stehen; das andere besorge ich alles hinter den Kulissen."

The English Puppet - John Bull: "You are standing proudly in the rustling which I have made for you, and the only thing I can do is keep quiet, the other I get everything behind the scenes..."

Il fantoccio inglese - *John Bull: "Stai benone nella corazza che ho fatto per te, e l'unica cosa che posso fare per mantenere la mia testa tranquilla, l'altra la tengo tutta dietro i ranghi..."*

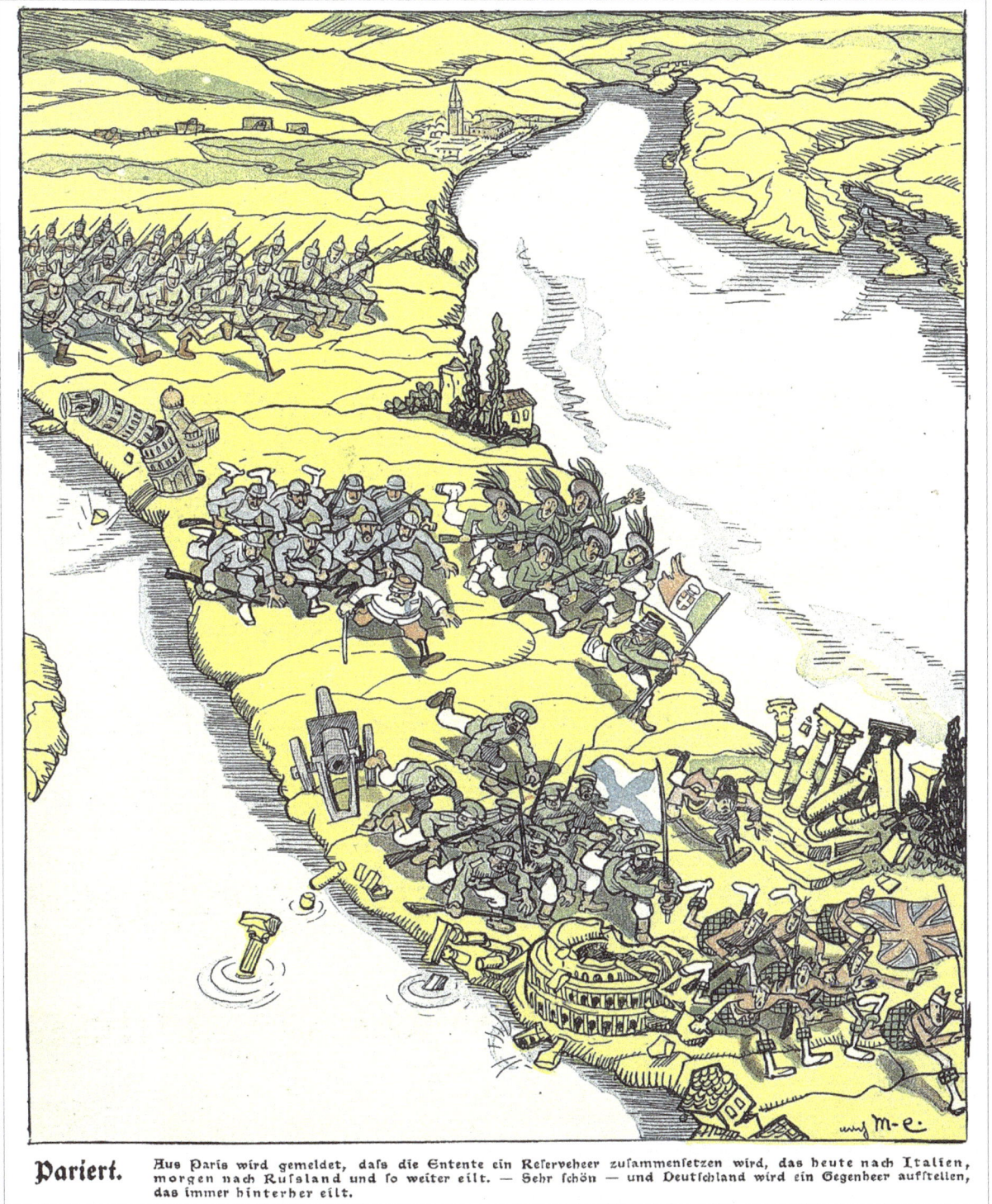

Pariert. Aus Paris wird gemeldet, daß die Entente ein Reſerveheer zuſammenſetzen wird, das heute nach Italien, morgen nach Rußland und ſo weiter eilt. — Sehr ſchön — und Deutſchland wird ein Gegenheer aufſtellen, das immer hinterher eilt.

The Parade - From Paris, it was understood that the allied lifted a hornet that storms today in Italy, tomorrow in Russia and so on. And also, Germany with its cannons always behind striking ...

La parata - *Da Parigi han capito che l'intesa ha sollevato un vespaio che oggi tempesta in Italia, domani in Russia e così via. Ed inoltre, la Germania coi suoi cannoni sempre dietro a colpire...*

„O Dio! Die Armee ist auf der flucht, — da kommt schon Cadornas Regenschirm!"

Oh my God... The army is fleeing, I see Cadorna's umbrella in the canal ...

Oh mio Dio.. L'esercito è in rotta, vedo l'ombrello di Cadorna nel canale...

The devil gate: Entry of the allied to the third year of the war.

La porta dell'inferno: Entrata dell'intesa nel terzo anno di guerra.

Churchill ist zufrieden! Mrs. Britannia hat einen bösen Sturz von ihrem hohen Pferd getan. Aber schon ist ein dummer August da und beruhigt das Publikum!

Churchill is satisfied! Mrs britannia has a fall from her hoehn horse. Over there is a dumb august there and calms the audience!

Chirchill è soddisfatto! La signora britannia è appena caduta dal suo cavallo a cavallo…. E' stato un pessimo agosto muto e lui calma il pubblico…

Die steckengebliebene Offensive.

Panne!

The offensive Blocked...it's in Panne !

L'offensiva Bloccata...in panne !

Die Offenfive. „Sie fteht, Herr Kamerad; es liegt am kleinen Zeiger!" — „„Ausgeschloffen, es liegt am großen!"" „Na, wir wollen uns einigen,' — ich glaube, das ganze Werk taugt nichts!"

..The offensive... You are on the small watch pointer. Excluded it is the big! Well, let's agree, I think the whole work is not good..

..L'offensiva.. lei è il camerata che sta sulla lancetta piccola! No, no è escluso siamo su quella grande! Beh, siamo d'accordo, credo dobbiamo rifare tutto da capo...

Englisches Spielzeug

„Sehen Sie nur, Mister Bull, dem russischen Bären geht auch schon wieder die Luft aus!"

English toys: let's go, Mister Bull, Russian bear is a lazy one!

Giocattoli inglesi: eh vai, Mister Bull, l'orso russo è una lussuria!

Der norwegische Papagei.

John Bull: Aufgepaßt, Nora! U=Booten ist der Aufenthalt in norwegischen Hoheitsgewässern verboten!
Die gelehrige Nora: U=Booten ist der Aufenthalt in norwegischen Hoheitsgewässern verboten!

Norwegian parrot... Watched Nora! "U-boat is forbidden to stay in Norway sovereign waters!" The learned Nora: "U-boat is forbidden to stay in Norway sovereign waters!"

Pappagallo norvegese:..."Senti Nora! Agli u-boat è vietata la permanenza nelle acque territoriali della Norvegia!" Risponde la dotta Nora: "Agli u-boat è vietata la permanenza nelle acque territoriali della Norvegia! "

It's nice and sweet to die for Great Britain ... - *E' bello e dolce morir per la Gran Bretagna...*

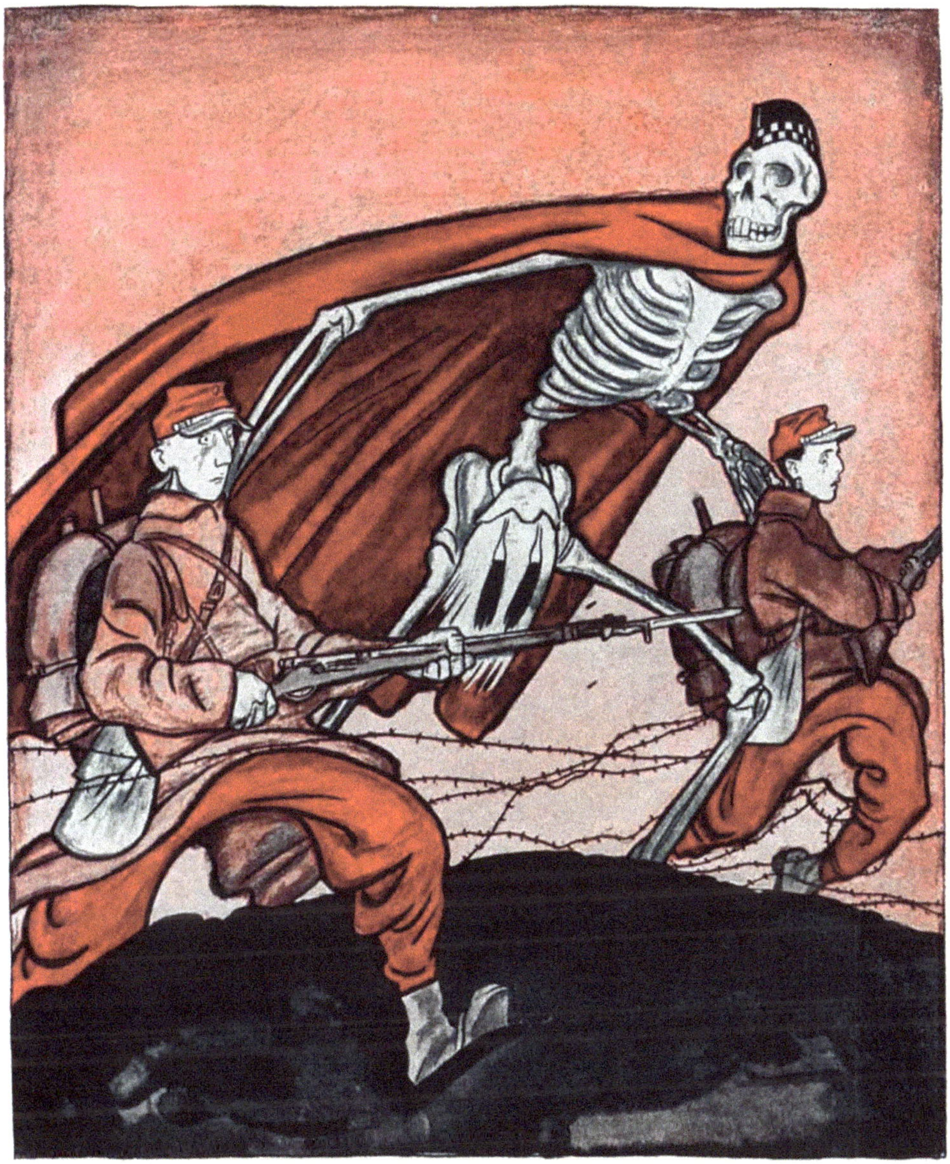

1917

Die Friedenstaube der Entente

.. The dove of peace of the Allies of the Entente

..La colomba di pace dell'Intesa...

Römischer Punsch
Der kapitolinische Rausch in Rom
mit dem unvermeidlichen Kater

The Rome she wolf- the capitoline noise in Rome, with the inevitable cat

La lupa di Roma - ammassamento sulla lupa Capitolina...con l'inevitabile gatto...

China.

Die Führer der Entente haben jetzt so lange nach dem neuen Bundes-
genossen geschielt, bis sie selber chinesische Schlißaugen bekommen haben!

..China - The leaders of the entiente have now enjoyed long until they have now real Chinese eyes ...

..Cina - I capi dell'Intesa ora son contenti di avere un nuovo alleato, tanto che gli son venuti gli occhi a Mandorla...

Europäisches Kasperle=Theater.

Kasperle: Drei habt ihr bereits geopfert, — wer soll jetzt dran glauben?
Tommy: Na, dann schlag einstweilen den Iwan tot!

The puppet theater: "three you have already sacrificed, who is supposed to believe?" The English: "Well, then kill Ivan.."

Il teatro delle marionette: Il tedesco: "ne hai già sacrificati tre, chi vuoi che ti creda ancora ? " L'inglese: "Beh allora sistema anche Ivan…"

Kriegshetzer im Lande der unbegrenzten Möglichleiten
Big Bill Taft, der Engel zur Erzwingung des Friedens

..In the country of the uncountable possibilities, big bill laft, the angels to enforce peace...

..Dal paese delle innumerevoli possibilità, la grande falsificazione, l'angelo della pace...

Zeichnung von F. Jüttner.

Dollar=Koller.

Die Ententebuben: „Na, wenn sich das Viech so spreizt, dann wollen wir es mal tüchtig rupfen!"

The fan of dollars - The kids of the Intesa: "Looks beautiful the peacock tail, do not lose the magic ...

Il ventaglio dei dollari - *I ragazzi dell'Intesa:* "*guarda che bella la coda del pavone, non perdiamoci la magia…*

Der englische Tod

..The English death...

..La morte inglese...

Der Riese und die Pygmäen. Sie suchen die „schwache Stelle". Aber dieser Achilles hat keine verwundbare Ferse.

the giant and the pygmies. They are looking for the weak spot. Over this Achilles, but this time the heel is covered by a secure heel ....

Il gigante e i pigmei. Stanno cercando il punto debole, come con Achille, ma stavolta il tallone è coperto da un sicuro tacco....

Die russische Freiheitsstatue

John Bull: „Alles muß man heutzutage echt vergolden!"

..The Russian freedom statue .. John Bull: "The cow today are gilded genuinely.."

..La statua della libertà russa.. John Bull: "La mucca oggi è propio dorata..!"

Bad Perspective - Boy, boy, you're looking at the wrong place ...
Cattiva prospettiva - Ragazzo, ragazzo, stai guardando il posto sbagliato...

Die Fürsorge der Alliierten.   Il re bambino: „Gut haben Sie mich eingewickelt, meine Herren!"

.. the care provided. The boy-king: "Well, they've wrapped me up my bandages"

..La cura fornita. Il re bambino: "Beh, mi hanno avvolto nelle mie fascette.."

Ein guter Kamerad.

Lloyd George: Die kranke Marianne wird kaum zu heilen sein. Indessen beruhigen Sie sich, — eintretendenfalls werden wir die Regie Ihres schönen Landes übernehmen, so daß Sie nichts zu befürchten haben.

A good friend: Lloyd George: "Marianne will be fine. in the meantime, we are advised to take over the direction of the country, so that they have not feared anything.."

Una buona amica: Lloyd George: *"Zia Marianna starà meglio ora qui al caldo. nel frattempo, si consiglia di affidarci la direzione del Paese, affinché si possano scongiurare peggioramenti…"*

Der russischen Detektivsirma Lenin, Trotzki & Comp. ist es gelungen, die Häupter einer internationalen Räuberbande zu entlarven und an den Pranger zu bringen.

..The Russian company of Lenin, Trostky and so on... has managed to unmask an international raid tape and bring it to the branger

..La compagnia russa di Lenin, Trotsky ecc. è riuscita a smascherare la truffa internazionale di raid e metterla alla gogna...

..The proud Albion....Decembre 1916 .... December 1917...

..La perfida Albione... Dicembre 1916......Dicembre 1917...

... England and France trying to resuscitate Russia

..*Francesi ed inglesi stanno tentando di tutto per resuscitare l'orso russo....*

Der Tschech und der Oesterreicher

„Du hast zu kämpfen — ich fresse!"

German and Austrian: "you have to fight, I eat - *tedesco e austriaco: "Devi combattere e io mangio..."*

1918

Der Friedensstänker von Brest=Litowsk
Wenn zwei sich freuen, ärgert sich der — Brite!

..The peace treaty of Brest-Litwosky! If two are happy, the British is angry!

..Il trattato di pace di Brest-Litwosky! Se i due sono felici, l'inglese è furibondo!

Die neuen Gasmasken gegen die „Friedensoffensive".

..The new antigas masks for donkey for the peaceful offensive ....

..Le nuove maschere antigas da asino per combattere l'offensiva pacifica...

Das französische Huhn hat ein Wunderosterei gelegt.

Nach der Vaterschaft zu forschen, ist untersagt. (Code Napoléon, Art. 340.)

The French chicken has put a miracle. According to the researcher, is prohibited to discover other...

Il pollo francese ha fatto il Miracolo...Proibito cercare di saperne di più....

Die Pofaunen von Jericho.   „. . . Und fie ftießen in die Pofaunen . . . und ein ftürzte die Mauer . . .“
(Jofua. 6. Kap.)

The trumpets of Jericho - ".... the trumpets played ... and a man fell ... "

Le trombe di Gerico - "...suonarono le trombe ... e un uomo cadde..."

Das „Grand Malör" am Chemin des Dames. Foch: Keine Angst, mes dames, ich gehe nur mal austreten!

..The great illness at Chemin des Dames - Foch: "Really disgust, mes dames, I just go out!"

Un grande malore al Chemin des Dames. Foch: "Un vero disastro, care signore, ne sono appena uscito...

Ein Zukunftsbild vom Stillen Ozean.

Die kommende Abrechnung Japans mit den Vereinigten Staaten von Nordamerika.

A bad shot from the ocean - the Japanese account to the United States ...

Un pessimo quadro dall'oceano - *il conto giapponese agli Stati Uniti...*

Die deutschen U-Kreuzer
Sie konnten zu „Sam"en doch kommen,
Das Wasser war nicht zu tief.

The German cruiser - they were able to play yet, but the water was not too deep.

Gli incrociatori tedeschi - sempre in grado di giocare la loro partita, anche in acque poco profonde…

Zeichnung von W. A. Wellner.

Frankreichs Riesenverluste.

Foch: 'n bißchen blutig, mein Marschallstab!

French mourning - Foch: " a little bloody mine Marshall stick

Lutti francesi - Foch: " un pò sanguinate il mio bastone da Maresciallo.."

Selbstmord

Mit dem Rufe „Für England!" stürzte sich dieſer Tage ein hyſteriſches Frauenzimmer
von der Spitze des Eiffelturms in die Tiefe.

(Polizeibericht.)

Suicide - Cry "for England" throwing away from the Eiffel Tower has fallen straight on the tips of the bayonets ...

Il suicidio - Gridando "per L'inghilterra" lanciandosi dalla torre Eiffel è caduta dritta sulle punte delle baionette...

Der Treppenwitz der Weltgeschichte
Das Gewitter hat sie gestürzt — der Sieger triumphiert.

The stairs of world history: the thunder has ruined her - the grief has triumphed!

Le scale della storia del mondo: Il tuono l'ha rovinata a terra - il dolore ha trionfato!

„Und sie werden wieder munter"
Der Rumäne: „Jungelen, mach' Platz!"

..And they will be happy again. The Romanian: "Try you to smile!"

..E saranno di nuovo felici.. Il rumeno: "prova te a sorridere!"

Wilson in Europa

„Eigentlich brauchen wir den Wilson gar nicht mehr mit seinen 14 Punkten!"

Millions in Europe .. We really need all the millions we've asked!

Milionari in Europa.. *Veramente noi abbiamo bisogno di tutti i milioni che abbiamo chiesto…*

The French humanity - To torture German prisoners of war is not only just, but also miraculous...

L'umanità francese - *Torturare i prigionieri tedeschi di guerra non è solo giusto, ma anche miracoloso…*

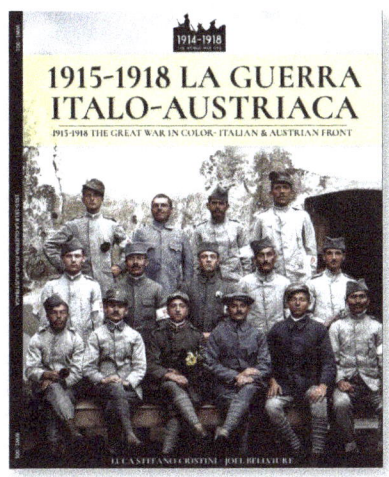

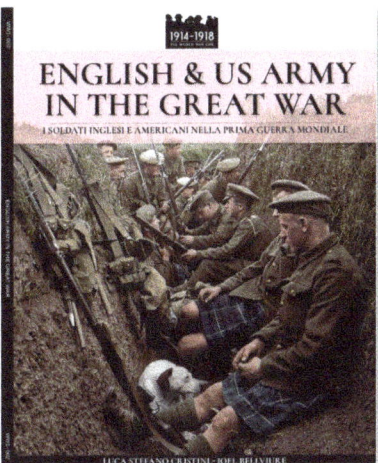

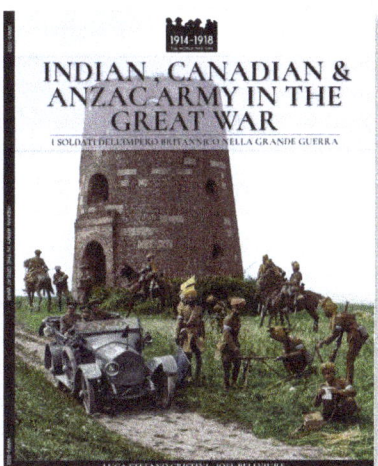

The book of the serie:

WW1-001 - 1915-1918 la Guerra Italo-Austriaca (The Great war in color -Italian & Austrian front)

WW1-002 - 1914-1918 German wartime propaganda

WW1-003 - 1915-1918 Italian pro & cons satire

WW1-004 - English & US Army in the Great War

WW1-005 - 1914-1918 French wartime satire

WW1-006 - Indian, Canadian & Anzac Army in the Great War

WW1-007 - German & French Army in the Great War

WW1-008 - Russian, Turkish and Balkan Army in the Great War

1914-1918
THE WORLD WAR ONE

BOOKS TO COLLECT

www.ingramcontent.com/pod-product-compliance
Lightning Source LLC
Chambersburg PA
CBHW041147120626
46547CB00020B/3144